Sültz Bücher

Digitaler Nachlass - Digitales Erbe - Einlogbuch/Passwortlisten

BoD- Books on Demand

Norderstedt 2018, GERMANY

Bibliografische Information durch die Deutsche Nationalbibliothek

Die Deutsche Nationalbibliothek verzeichnet diese Publikation in der Deutschen Nationalbibliografie; detaillierte bibliografische Daten sind im Internet über http://dnb.dnb.de abrufbar.

© 2018 Renate Sültz & Uwe H. Sültz

Herstellung und Verlag:

BoD – Books on Demand, Norderstedt, GERMANY

ISBN 9-78374-8-11975-3

Haben Sie sich schon einmal Gedanken darüber gemacht, wenn Sie das kleine Zettelchen mit den Zugangsdaten für Ihren E-Mail-Account verlegt haben? Oder Sie sind nur hin und wieder bei einer Verkaufsplattform angemeldet und haben das Passwort vergessen! Problematisch sind erst Recht Bankdaten.

Was passiert eigentlich zukünftig mit den Bildern, die hochgeladen wurden und/oder gespeichert sind?

Der Computer ist heute eine höchst persönliche Angelegenheit geworden. Nicht jeder soll Zugang zu MEINEM Computer haben. Erst Recht kein Dieb nach einem Einbruch!

Nach einer Online-Bestellung muss eventuell eine Rechnung beglichen werden. Wer soll also Zugang zu meinem Rechner haben?

Fragen über Fragen... es muss gehandelt werden.

Wir sollten uns also frühzeitig um den Nachlass kümmern... um den DIGITALEN NACHLASS!

Beim dem Digitalen Nachlass oder dem Digitalen Erbe handelt es sich um eine Vielzahl von Rechtspositionen eines verstorbenen Internetnutzers, ganz besonders dessen Vertragsbeziehungen zu Host-, Access- oder E-Mail-Providern, auch Mitgliedschaften im Netz, sowie zu Anbietern sozialer Netzwerke oder virtueller Konten. Auch Eigentumsrechte des Verstorbenen an Hardware, Nutzungsrechte an Software, Nutzungsrechte und Urheberrechte an Büchern, Urheberrechte und Rechte an hinterlegten Bildern, Foreneinträgen und Blogs zählen dazu.

Die Verbraucherzentrale und die Stiftung Warentest geben eine Empfehlung dazu, für den Todesfall anzugeben, wo Zugangsdaten sozialer Netzwerke, Einlogdaten, Codes und Passwörter zur eventuellen Löschung eines Profils hinterlegt sind. Aber auch zu Lebzeiten können Einlogdaten, Benutzernamen und/oder Sicherheitsabfragen vergessen werden oder verloren gegangen sein. Ein Passwort-Buch kann nützlich sein, sollte aber auch nicht gleich von anderen gefunden werden. Erinnerungsformulare oder das ausgefüllte Testament können im Schließfach, beim Anwalt

oder einer vertrauenswürdigen Person hinterlegt werden.

Zunächst einmal sollten Sie alle Accounts, E-Mail-Adressen, Passwörter und weitere Daten notieren.

Einlogdaten:

Webseite: www._____
Kundennummer: _____

Account: _____
e-Mail: _____
Benutzername: _____
Passwort: _____
Passwort geändert: _____

Sicherheitsabfragen: _____
_____
_____
_____

Informationen/Bemerkungen:
_____
_____
_____
_____
_____
_____
_____
_____
_____
_____
_____

Mit 25 Einlogformulare müsste ein User auskommen. Tragen Sie also alle relevanten Daten ein. Sollten Sie ein Passwort ändern, so wurde auch daran gedacht. Denken Sie auch an Sicherheitsabfragen. Weiterhin ist genug Platz für Ihre eigenen Bemerkungen.

Beim nächsten Schritt wird nun notiert, wo sich das Passwortbuch befindet, wo es versteckt ist!

✂ Erinnerungsinformation!
Das Passwort/Einlogbuch befindet sich
an folgender Stelle _____

_____

_____

_____

_____

_____

_____

oder/und bem Anwalt oder/und beim Partner ❗
oder/und bei den Eltern oder
einer anderen vertrauenswürdigen Person zur
Aufbewahrung abgelegt werden. Ebenso ist dort
eine Vollmacht für mein Digitales Erbe.

Einlogdaten aufzuschreiben ist immer gefährlich!
Heute besitzen wir unzählige Accounts. Solange
wir alle relevanten Daten im Kopf haben, ist alles
gut. Für den Notfall oder doch den täglichen Ge-
brauch ist dieses Passwortbuch gedacht. Aber
wir sollten es an einem sicheren Ort aufbewahren.
Wir sollten auch unbedingt an den Digitalen
Nachlass denken! Denken wir auch an:
PASSWORT VERGESSEN - FEUER - EINBRUCH -
KRANKEIT - KRANKENHAUS - ERBE...

Auf der Rückseite bitte weitere Informationen ❗
zum Versteck oder Ablageort eintragen
und/oder einzeichnen!

Mit 10 dieser Erinnerungsinformationen müssten Sie gut auskommen! Wie erwähnt, legen Sie die Erinnerungsinformation/en ins Schließfach, zur Aufbewahrung beim Anwalt oder einer Person Ihres Vertrauens. Bedenken Sie, Passwörter zu notieren ist immer mit einem Risiko verbunden, wenn sie gefunden werden! Gehen Sie gut und überlegt damit um.

Denken Sie bei einem Versteck auch an Brandgefahr und Wassereinbruch.

So, wir haben uns nun um die Einlogdaten, Accounts und Passwörter gekümmert. Damit dieses Passwortbuch nicht sofort gefunden wird, haben wir ein gutes Versteck ausgesucht. Dieses Versteck haben wir notiert. Das ausgefüllte Formular haben wir nun in den Tresor gelegt oder zum Anwalt gebracht oder bei einer Person meines Vertrauens hinterlegt.

Nun folgt der letzte Schritt: Damit Sie selbst entscheiden, wer Ihren Digitalen Nachlass verwalten soll, sind 10 herausschneidbare Testamente in diesem Passwortbuch zu finden. Das müsste ausreichen, falls Sie ein Testament widerrufen sollten.

Digitaler Nachlass nach dem Tod und darüber hinaus für

Mein Name/Anschrift

_____

_____

Ich bevollmächtige _____
damit, alle Daten und Accounts zu löschen oder
in seinen/ihren Besitz zu übernehmen.
Es sollen alle Endgeräte übernommen oder
entsorgt werden. Diese Vollmacht ist über den
Tod hinaus gültig. Das Passwort/Einlogbuch
befindet sich an folgender Stelle _____

bitte wählen und streichen

! Der obige Text muss nun handschriftlich geschrieben werden!

_____

_____

_____

_____

_____

_____

_____

_____

_____

_____

! **Ort/Datum/Unterschrift**

_____

Tragen Sie Ihren Namen und Ihre Anschrift in das Formular. Nun wen Sie bevollmächtigen, Name und Anschrift. Lesen Sie sich den Text genau durch. Es ist nun sehr wichtig, dass Sie diesen Text handschriftlich darunter schreiben. Ebenfalls wen Sie bevollmächtigen. Vergessen Sie nicht zu unterschreiben, mit Ort und Datum. Ein Zeuge könnte dies auch noch bestätigen.

Nun können Sie diese Vollmacht/Digitales Testament heraustrennen und an einem sicheren Ort deponieren oder zum Anwalt bringen oder bei einer Person Ihres Vertrauens aufbewahren lassen... das kann natürlich erst Recht die Person sein, der die Vollmacht ausgesprochen wurde.

Zum Schluss noch einmal die Tipps:

• Kümmern Sie sich schon zu Lebzeiten um Ihren digitalen Nachlass!

• Fertigen Sie eine Übersicht aller Accounts mit Benutzernamen und Kennworten an! Füllen Sie dieses Einlogbuch aus!

• Legen Sie dieses Buch und/oder die Erinnerungsseiten (am Ende dieses Buchs herauszuschneiden) an einen sicheren Ort, beispielsweise in einen Tresor oder in ein Bankschließfach!

• Bestimmen Sie eine Person Ihres Vertrauens zu Ihrem digitalen Nachlassverwalter! Legen Sie in einer Vollmacht für diese Person fest, dass sie sich um Ihr digitales Erbe kümmern soll!

• Regeln Sie in der Vollmacht detailliert, wie mit Ihrem digitalen Nachlass umgegangen werden soll. Welche Daten sollen gelöscht werden. Wie soll die Vertrauensperson mit Ihrem Account, z.B. in einem sozialen Netzwerk, usw., umgehen und was mit im Netz vorhandenen Fotos passieren soll!

•Bestimmen Sie ebenfalls, was mit Ihren Endgeräten (Computer, Smartphone, Tablet, Festplatten, usw.) und den dort gespeicherten Daten geschehen soll!

•Die Vollmacht müssen Sie handschriftlich verfassen, mit einem Datum versehen und unterschreiben. Unabdingbar ist außerdem, dass sie "über den Tod hinaus" gilt. Am Ende dieses Buchs sind Vordrucke zu finden.

•Denken Sie daran, die Auflistung Ihrer Accounts immer aktuell zu halten! Ergänzen Sie die Auflistung um neue Accounts, löschen Sie die Daten in der Übersicht, wenn Sie sich bei einem Account abgemeldet haben!

Einlogdaten:

Webseite: www._____

Kundennummer: _____

Account: _____

e-Mail: _____

Benutzername: _____

Passwort: _____

Passwort geändert: _____

_____

Sicherheitsabfragen: _____

_____

_____

_____

Informationen/Bemerkungen:

_____

_____

_____

_____

_____

_____

_____

_____

_____

_____

_____

_____

_____

_____

_____

Einlogdaten:

Webseite: www._____

Kundennummer: _____

Account: _____

e-Mail: _____

Benutzername: _____

Passwort: _____

Passwort geändert: _____

_____

Sicherheitsabfragen: _____

_____

_____

_____

Informationen/Bemerkungen:

_____

_____

_____

_____

_____

_____

_____

_____

_____

_____

_____

_____

_____

Einlogdaten:

Webseite: www._____

Kundennummer: _____

Account: _____

e-Mail: _____

Benutzername: _____

Passwort: _____

Passwort geändert: _____

_____

Sicherheitsabfragen: _____

_____

_____

_____

Informationen/Bemerkungen:

_____

_____

_____

_____

_____

_____

_____

_____

_____

_____

_____

_____

_____

_____

Einlogdaten:

Webseite: www._____

Kundennummer: _____

Account: _____

e-Mail: _____

Benutzername: _____

Passwort: _____

Passwort geändert: _____

Sicherheitsabfragen: _____

_____

_____

_____

Informationen/Bemerkungen:

_____

_____

_____

_____

_____

_____

_____

_____

_____

_____

_____

_____

_____

Einlogdaten:

Webseite: www._____

Kundennummer: _____

Account: _____

e-Mail: _____

Benutzername: _____

Passwort: _____

Passwort geändert: _____

_____

Sicherheitsabfragen: _____

_____

_____

_____

Informationen/Bemerkungen:

_____

_____

_____

_____

_____

_____

_____

_____

_____

_____

_____

_____

_____

_____

Einlogdaten:

Webseite: www._____

Kundennummer: _____

Account: _____

e-Mail: _____

Benutzername: _____

Passwort: _____

Passwort geändert: _____

_____

Sicherheitsabfragen: _____

_____

_____

_____

Informationen/Bemerkungen:

_____

_____

_____

_____

_____

_____

_____

_____

_____

_____

_____

_____

_____

_____

Einlogdaten:

Webseite: www._____

Kundennummer: _____

Account: _____

e-Mail: _____

Benutzername: _____

Passwort: _____

Passwort geändert: _____

_____

Sicherheitsabfragen: _____

_____

_____

_____

Informationen/Bemerkungen:

_____

_____

_____

_____

_____

_____

_____

_____

_____

_____

_____

_____

_____

_____

Einlogdaten:

Webseite: www._____

Kundennummer: _____

Account: _____

e-Mail: _____

Benutzername: _____

Passwort: _____

Passwort geändert: _____

_____

Sicherheitsabfragen: _____

_____

_____

_____

Informationen/Bemerkungen:

_____

_____

_____

_____

_____

_____

_____

_____

_____

_____

_____

_____

_____

Einlogdaten:

Webseite: www._____

Kundennummer: _____

Account: _____

e-Mail: _____

Benutzername: _____

Passwort: _____

Passwort geändert: _____

_____

Sicherheitsabfragen: _____

_____

_____

_____

Informationen/Bemerkungen:

_____

_____

_____

_____

_____

_____

_____

_____

_____

_____

_____

_____

_____

Einlogdaten:

Webseite: www._____

Kundennummer: _____

Account: _____

e-Mail: _____

Benutzername: _____

Passwort: _____

Passwort geändert: _____

_____

Sicherheitsabfragen: _____

_____

_____

_____

Informationen/Bemerkungen:

_____

_____

_____

_____

_____

_____

_____

_____

_____

_____

_____

_____

_____

Einlogdaten:

Webseite: www._____

Kundennummer: _____

Account: _____

e-Mail: _____

Benutzername: _____

Passwort: _____

Passwort geändert: _____

_____

Sicherheitsabfragen: _____

_____

_____

_____

Informationen/Bemerkungen:

_____

_____

_____

_____

_____

_____

_____

_____

_____

_____

_____

_____

_____

_____

Einlogdaten:

Webseite: www._____

Kundennummer: _____

Account: _____

e-Mail: _____

Benutzername: _____

Passwort: _____

Passwort geändert: _____

Sicherheitsabfragen: _____

_____

_____

_____

Informationen/Bemerkungen:

_____

_____

_____

_____

_____

_____

_____

_____

_____

_____

_____

_____

_____

_____

_____

Einlogdaten:

Webseite: www._____

Kundennummer: _____

Account: _____

e-Mail: _____

Benutzername: _____

Passwort: _____

Passwort geändert: _____

_____

Sicherheitsabfragen: _____

_____

_____

_____

Informationen/Bemerkungen:

_____

_____

_____

_____

_____

_____

_____

_____

_____

_____

_____

_____

_____

_____

Einlogdaten:

Webseite: www._____

Kundennummer: _____

Account: _____

e-Mail: _____

Benutzername: _____

Passwort: _____

Passwort geändert: _____

_____

Sicherheitsabfragen: _____

_____

_____

_____

Informationen/Bemerkungen:

_____

_____

_____

_____

_____

_____

_____

_____

_____

_____

_____

_____

_____

_____

Einlogdaten:

Webseite: www._____

Kundennummer: _____

Account: _____

e-Mail: _____

Benutzername: _____

Passwort: _____

Passwort geändert: _____

_____

Sicherheitsabfragen: _____

_____

_____

_____

Informationen/Bemerkungen:

_____

_____

_____

_____

_____

_____

_____

_____

_____

_____

_____

_____

_____

_____

_____

Einlogdaten:

Webseite: www._____

Kundennummer: _____

Account: _____

e-Mail: _____

Benutzername: _____

Passwort: _____

Passwort geändert: _____

_____

Sicherheitsabfragen: _____

_____

_____

_____

Informationen/Bemerkungen:

_____

_____

_____

_____

_____

_____

_____

_____

_____

_____

_____

_____

_____

Einlogdaten:

Webseite: www._____

Kundennummer: _____

Account: _____

e-Mail: _____

Benutzername: _____

Passwort: _____

Passwort geändert: _____

_____

Sicherheitsabfragen: _____

_____

_____

_____

Informationen/Bemerkungen:

_____

_____

_____

_____

_____

_____

_____

_____

_____

_____

_____

_____

_____

_____

Einlogdaten:

Webseite: www._____

Kundennummer: _____

Account: _____

e-Mail: _____

Benutzername: _____

Passwort: _____

Passwort geändert: _____

_____

Sicherheitsabfragen: _____

_____

_____

_____

Informationen/Bemerkungen:

_____

_____

_____

_____

_____

_____

_____

_____

_____

_____

_____

_____

_____

Einlogdaten:

Webseite: www._____

Kundennummer: _____

Account: _____

e-Mail: _____

Benutzername: _____

Passwort: _____

Passwort geändert: _____

_____

Sicherheitsabfragen: _____

_____

_____

_____

Informationen/Bemerkungen:

_____

_____

_____

_____

_____

_____

_____

_____

_____

_____

_____

_____

_____

_____

Einlogdaten:

Webseite: www._____

Kundennummer: _____

Account: _____

e-Mail: _____

Benutzername: _____

Passwort: _____

Passwort geändert: _____

_____

Sicherheitsabfragen: _____

_____

_____

_____

Informationen/Bemerkungen:

_____

_____

_____

_____

_____

_____

_____

_____

_____

_____

_____

_____

_____

_____

Einlogdaten:

Webseite: www._____

Kundennummer: _____

Account: _____

e-Mail: _____

Benutzername: _____

Passwort: _____

Passwort geändert: _____

_____

Sicherheitsabfragen: _____

_____

_____

_____

Informationen/Bemerkungen:

_____

_____

_____

_____

_____

_____

_____

_____

_____

_____

_____

_____

_____

_____

Einlogdaten:

Webseite: www._____

Kundennummer: _____

Account: _____

e-Mail: _____

Benutzername: _____

Passwort: _____

Passwort geändert: _____

_____

Sicherheitsabfragen: _____

_____

_____

_____

Informationen/Bemerkungen:

_____

_____

_____

_____

_____

_____

_____

_____

_____

_____

_____

_____

_____

_____

_____

Einlogdaten:

Webseite: www._____

Kundennummer: _____

Account: _____

e-Mail: _____

Benutzername: _____

Passwort: _____

Passwort geändert: _____

_____

Sicherheitsabfragen: _____

_____

_____

_____

Informationen/Bemerkungen:

_____

_____

_____

_____

_____

_____

_____

_____

_____

_____

_____

_____

_____

Einlogdaten:

Webseite: www._____

Kundennummer: _____

Account: _____

e-Mail: _____

Benutzername: _____

Passwort: _____

Passwort geändert: _____

_____

Sicherheitsabfragen: _____

_____

_____

_____

Informationen/Bemerkungen:

_____

_____

_____

_____

_____

_____

_____

_____

_____

_____

_____

_____

_____

Einlogdaten:

Webseite: www._____

Kundennummer: _____

Account: _____

e-Mail: _____

Benutzername: _____

Passwort: _____

Passwort geändert: _____

_____

Sicherheitsabfragen: _____

_____

_____

_____

Informationen/Bemerkungen:

_____

_____

_____

_____

_____

_____

_____

_____

_____

_____

_____

_____

_____

_____

Einlogdaten:

Webseite: www._____

Kundennummer: _____

Account: _____

e-Mail: _____

Benutzername: _____

Passwort: _____

Passwort geändert: _____

Sicherheitsabfragen: _____

_____

_____

_____

Informationen/Bemerkungen:

_____

_____

_____

_____

_____

_____

_____

_____

_____

_____

_____

_____

_____

_____

Einlogdaten:

Webseite: www._____

Kundennummer: _____

Account: _____

e-Mail: _____

Benutzername: _____

Passwort: _____

Passwort geändert: _____

_____

Sicherheitsabfragen: _____

_____

_____

_____

Informationen/Bemerkungen:

_____

_____

_____

_____

_____

_____

_____

_____

_____

_____

_____

_____

_____

Einlogdaten:

Webseite: www._____

Kundennummer: _____

Account: _____

e-Mail: _____

Benutzername: _____

Passwort: _____

Passwort geändert: _____

_____

Sicherheitsabfragen: _____

_____

_____

_____

Informationen/Bemerkungen:

_____

_____

_____

_____

_____

_____

_____

_____

_____

_____

_____

_____

_____

_____

Einlogdaten:

Webseite: www._____

Kundennummer: _____

Account: _____

e-Mail: _____

Benutzername: _____

Passwort: _____

Passwort geändert: _____

_____

Sicherheitsabfragen: _____

_____

_____

_____

Informationen/Bemerkungen:

_____

_____

_____

_____

_____

_____

_____

_____

_____

_____

_____

_____

_____

Erinnerungsinformation!
Das Passwort/Einlogbuch befindet sich
an folgender Stelle _____

!

_____
_____
_____
_____
_____

_____
_____
_____
_____

oder/und bem Anwalt oder/und beim Partner
oder/und bei den Eltern oder
einer anderen vertrauenswürdigen Person zur
Aufbewahrung abgelegt werden. Ebenso ist dort
eine Vollmacht für mein Digitales Erbe.

!

Einlogdaten aufzuschreiben ist immer gefährlich!
Heute besitzen wir unzählige Accounts. Solange
wir alle relevanten Daten im Kopf haben, ist alles
gut. Für den Notfall oder doch den täglichen Ge-
brauch ist dieses Passwortbuch gedacht. Aber
wir sollten es an einem sicheren Ort aufbewahren.
Wir sollten auch unbedingt an den Digitalen
Nachlass denken! Denken wir auch an:
PASSWORT VERGESSEN - FEUER - EINBRUCH -
KRANKEIT - KRANKENHAUS - ERBE...

Auf der Rückseite bitte weitere Informationen
zum Versteck oder Ablageort eintragen
und/oder einzeichnen!

!

Erinnerungsinformation!
Das Passwort/Einlogbuch befindet sich
an folgender Stelle _____

_____

_____

_____

_____

_____

_____

_____

oder/und bem Anwalt oder/und beim Partner
oder/und bei den Eltern oder
einer anderen vertrauenswürdigen Person zur
Aufbewahrung abgelegt werden. Ebenso ist dort
eine Vollmacht für mein Digitales Erbe.

Einlogdaten aufzuschreiben ist immer gefährlich!
Heute besitzen wir unzählige Accounts. Solange
wir alle relevanten Daten im Kopf haben, ist alles
gut. Für den Notfall oder doch den täglichen Ge-
brauch ist dieses Passwortbuch gedacht. Aber
wir sollten es an einem sicheren Ort aufbewahren.
Wir sollten auch unbedingt an den Digitalen
Nachlass denken! Denken wir auch an:
PASSWORT VERGESSEN - FEUER - EINBRUCH -
KRANKEIT - KRANKENHAUS - ERBE...

Auf der Rückseite bitte weitere Informationen
zum Versteck oder Ablageort eintragen
und/oder einzeichnen!

Erinnerungsinformation!
Das Passwort/Einlogbuch befindet sich
an folgender Stelle _____

_____

_____

_____

_____

_____

_____

_____

oder/und bem Anwalt oder/und beim Partner
oder/und bei den Eltern oder
einer anderen vertrauenswürdigen Person zur
Aufbewahrung abgelegt werden. Ebenso ist dort
eine Vollmacht für mein Digitales Erbe.

Einlogdaten aufzuschreiben ist immer gefährlich!
Heute besitzen wir unzählige Accounts. Solange
wir alle relevanten Daten im Kopf haben, ist alles
gut. Für den Notfall oder doch den täglichen Ge-
brauch ist dieses Passwortbuch gedacht. Aber
wir sollten es an einem sicheren Ort aufbewahren.
Wir sollten auch unbedingt an den Digitalen
Nachlass denken! Denken wir auch an:
PASSWORT VERGESSEN - FEUER - EINBRUCH -
KRANKEIT - KRANKENHAUS - ERBE...

Auf der Rückseite bitte weitere Informationen
zum Versteck oder Ablageort eintragen
und/oder einzeichnen!

Erinnerungsinformation!
Das Passwort/Einlogbuch befindet sich
an folgender Stelle _____

_____

_____

_____

_____

_____

_____

_____

oder/und bem Anwalt oder/und beim Partner
oder/und bei den Eltern oder
einer anderen vertrauenswürdigen Person zur
Aufbewahrung abgelegt werden. Ebenso ist dort
eine Vollmacht für mein Digitales Erbe.

Einlogdaten aufzuschreiben ist immer gefährlich!
Heute besitzen wir unzählige Accounts. Solange
wir alle relevanten Daten im Kopf haben, ist alles
gut. Für den Notfall oder doch den täglichen Ge-
brauch ist dieses Passwortbuch gedacht. Aber
wir sollten es an einem sicheren Ort aufbewahren.
Wir sollten auch unbedingt an den Digitalen
Nachlass denken! Denken wir auch an:
PASSWORT VERGESSEN - FEUER - EINBRUCH -
KRANKEIT - KRANKENHAUS - ERBE...

Auf der Rückseite bitte weitere Informationen
zum Versteck oder Ablageort eintragen
und/oder einzeichnen!

Erinnerungsinformation!
Das Passwort/Einlogbuch befindet sich
an folgender Stelle _____
_____
_____
_____
_____

_____
_____
_____
_____

oder/und bem Anwalt oder/und beim Partner
oder/und bei den Eltern oder
einer anderen vertrauenswürdigen Person zur
Aufbewahrung abgelegt werden. Ebenso ist dort
eine Vollmacht für mein Digitales Erbe.

Einlogdaten aufzuschreiben ist immer gefährlich!
Heute besitzen wir unzählige Accounts. Solange
wir alle relevanten Daten im Kopf haben, ist alles
gut. Für den Notfall oder doch den täglichen Ge-
brauch ist dieses Passwortbuch gedacht. Aber
wir sollten es an einem sicheren Ort aufbewahren.
Wir sollten auch unbedingt an den Digitalen
Nachlass denken! Denken wir auch an:
PASSWORT VERGESSEN - FEUER - EINBRUCH -
KRANKEIT - KRANKENHAUS - ERBE...

Auf der Rückseite bitte weitere Informationen
zum Versteck oder Ablageort eintragen
und/oder einzeichnen!

Erinnerungsinformation!
Das Passwort/Einlogbuch befindet sich
an folgender Stelle _____

_____

_____

_____

_____

_____

_____

_____

oder/und bem Anwalt oder/und beim Partner
oder/und bei den Eltern oder
einer anderen vertrauenswürdigen Person zur
Aufbewahrung abgelegt werden. Ebenso ist dort
eine Vollmacht für mein Digitales Erbe.

Einlogdaten aufzuschreiben ist immer gefährlich!
Heute besitzen wir unzählige Accounts. Solange
wir alle relevanten Daten im Kopf haben, ist alles
gut. Für den Notfall oder doch den täglichen Ge-
brauch ist dieses Passwortbuch gedacht. Aber
wir sollten es an einem sicheren Ort aufbewahren.
Wir sollten auch unbedingt an den Digitalen
Nachlass denken! Denken wir auch an:
PASSWORT VERGESSEN - FEUER - EINBRUCH -
KRANKEIT - KRANKENHAUS - ERBE...

Auf der Rückseite bitte weitere Informationen
zum Versteck oder Ablageort eintragen
und/oder einzeichnen!

Erinnerungsinformation! !
Das Passwort/Einlogbuch befindet sich
an folgender Stelle _____
_____
_____
_____
_____

_____
_____
_____

oder/und bem Anwalt oder/und beim Partner !
oder/und bei den Eltern oder
einer anderen vertrauenswürdigen Person zur
Aufbewahrung abgelegt werden. Ebenso ist dort
eine Vollmacht für mein Digitales Erbe.

**Einlogdaten aufzuschreiben ist immer gefährlich!
Heute besitzen wir unzählige Accounts. Solange
wir alle relevanten Daten im Kopf haben, ist alles
gut. Für den Notfall oder doch den täglichen Ge-
brauch ist dieses Passwortbuch gedacht. Aber
wir sollten es an einem sicheren Ort aufbewahren.
Wir sollten auch unbedingt an den Digitalen
Nachlass denken! Denken wir auch an:
PASSWORT VERGESSEN - FEUER - EINBRUCH -
KRANKEIT - KRANKENHAUS - ERBE...**

Auf der Rückseite bitte weitere Informationen !
zum Versteck oder Ablageort eintragen
und/oder einzeichnen!

Erinnerungsinformation!
Das Passwort/Einlogbuch befindet sich
an folgender Stelle _____

_____

_____

_____

_____

_____

_____

_____

oder/und bem Anwalt oder/und beim Partner
oder/und bei den Eltern oder
einer anderen vertrauenswürdigen Person zur
Aufbewahrung abgelegt werden. Ebenso ist dort
eine Vollmacht für mein Digitales Erbe.

Einlogdaten aufzuschreiben ist immer gefährlich!
Heute besitzen wir unzählige Accounts. Solange
wir alle relevanten Daten im Kopf haben, ist alles
gut. Für den Notfall oder doch den täglichen Ge-
brauch ist dieses Passwortbuch gedacht. Aber
wir sollten es an einem sicheren Ort aufbewahren.
Wir sollten auch unbedingt an den Digitalen
Nachlass denken! Denken wir auch an:
PASSWORT VERGESSEN - FEUER - EINBRUCH -
KRANKEIT - KRANKENHAUS - ERBE...

Auf der Rückseite bitte weitere Informationen
zum Versteck oder Ablageort eintragen
und/oder einzeichnen!

Erinnerungsinformation!
Das Passwort/Einlogbuch befindet sich
an folgender Stelle _____

_____

_____

_____

_____

_____

_____

_____

oder/und bem Anwalt oder/und beim Partner
oder/und bei den Eltern oder
einer anderen vertrauenswürdigen Person zur
Aufbewahrung abgelegt werden. Ebenso ist dort
eine Vollmacht für mein Digitales Erbe.

Einlogdaten aufzuschreiben ist immer gefährlich!
Heute besitzen wir unzählige Accounts. Solange
wir alle relevanten Daten im Kopf haben, ist alles
gut. Für den Notfall oder doch den täglichen Ge-
brauch ist dieses Passwortbuch gedacht. Aber
wir sollten es an einem sicheren Ort aufbewahren.
Wir sollten auch unbedingt an den Digitalen
Nachlass denken! Denken wir auch an:
PASSWORT VERGESSEN - FEUER - EINBRUCH -
KRANKEIT - KRANKENHAUS - ERBE...

Auf der Rückseite bitte weitere Informationen
zum Versteck oder Ablageort eintragen
und/oder einzeichnen!

Erinnerungsinformation!
Das Passwort/Einlogbuch befindet sich
an folgender Stelle _____

_____

_____

_____

_____

_____

_____

_____

oder/und bem Anwalt oder/und beim Partner
oder/und bei den Eltern oder
einer anderen vertrauenswürdigen Person zur
Aufbewahrung abgelegt werden. Ebenso ist dort
eine Vollmacht für mein Digitales Erbe.

Einlogdaten aufzuschreiben ist immer gefährlich!
Heute besitzen wir unzählige Accounts. Solange
wir alle relevanten Daten im Kopf haben, ist alles
gut. Für den Notfall oder doch den täglichen Ge-
brauch ist dieses Passwortbuch gedacht. Aber
wir sollten es an einem sicheren Ort aufbewahren.
Wir sollten auch unbedingt an den Digitalen
Nachlass denken! Denken wir auch an:
PASSWORT VERGESSEN - FEUER - EINBRUCH -
KRANKEIT - KRANKENHAUS - ERBE...

Auf der Rückseite bitte weitere Informationen
zum Versteck oder Ablageort eintragen
und/oder einzeichnen!

Digitaler Nachlass nach dem Tod und darüber hinaus für

Mein Name/Anschrift

_____

_____

Ich bevollmächtige _____
damit, alle Daten und Accounts zu löschen oder
in seinen/ihren Besitz zu übernehmen.
Es sollen alle Endgeräte übernommen oder
entsorgt werden. Diese Vollmacht ist über den
Tod hinaus gültig. Das Passwort/Einlogbuch
befindet sich an folgender Stelle _____

bitte wählen und streichen

! Der obige Text muss nun handschriftlich geschrieben werden!

_____

_____

_____

_____

_____

_____

_____

_____

_____

_____

_____

! Ort/Datum/Unterschrift

_____

Digitaler Nachlass nach dem Tod und darüber hinaus für

Mein Name/Anschrift

_____

_____

Ich bevollmächtige _____
damit, alle Daten und Accounts zu löschen oder
in seinen/ihren Besitz zu übernehmen.
Es sollen alle Endgeräte übernommen oder
entsorgt werden. Diese Vollmacht ist über den
Tod hinaus gültig. Das Passwort/Einlogbuch
befindet sich an folgender Stelle _____

bitte wählen und streichen

! Der obige Text muss nun handschriftlich geschrieben werden!

_____

_____

_____

_____

_____

_____

_____

_____

_____

_____

_____

! **Ort/Datum/Unterschrift**

_____

Digitaler Nachlass nach dem Tod und darüber hinaus für

Mein Name/Anschrift

_____

_____

Ich bevollmächtige _____
damit, alle Daten und Accounts zu löschen oder
in seinen/ihren Besitz zu übernehmen.
Es sollen alle Endgeräte übernommen oder
entsorgt werden. Diese Vollmacht ist über den
Tod hinaus gültig. Das Passwort/Einlogbuch
befindet sich an folgender Stelle _____

bitte wählen und streichen

! Der obige Text muss nun handschriftlich geschrieben werden!

_____

_____

_____

_____

_____

_____

_____

_____

_____

_____

_____

! Ort/Datum/Unterschrift

_____

Digitaler Nachlass nach dem Tod und darüber hinaus für

Mein Name/Anschrift

_____

_____

Ich bevollmächtige _____
damit, alle Daten und Accounts zu löschen oder
in seinen/ihren Besitz zu übernehmen.
Es sollen alle Endgeräte übernommen oder
entsorgt werden. Diese Vollmacht ist über den
Tod hinaus gültig. Das Passwort/Einlogbuch
befindet sich an folgender Stelle _____

bitte wählen und streichen

! Der obige Text muss nun handschriftlich geschrieben werden!

_____

_____

_____

_____

_____

_____

_____

_____

_____

_____

_____

! **Ort/Datum/Unterschrift**

_____

Digitaler Nachlass nach dem Tod und darüber hinaus für

Mein Name/Anschrift

_____

_____

Ich bevollmächtige _____
damit, alle Daten und Accounts zu löschen oder
in seinen/ihren Besitz zu übernehmen.
Es sollen alle Endgeräte übernommen oder
entsorgt werden. Diese Vollmacht ist über den
Tod hinaus gültig. Das Passwort/Einlogbuch
befindet sich an folgender Stelle _____

bitte wählen und streichen

! Der obige Text muss nun handschriftlich geschrieben werden!

_____

_____

_____

_____

_____

_____

_____

_____

_____

_____

_____

_____

_____

! Ort/Datum/Unterschrift

_____

Digitaler Nachlass nach dem Tod und darüber hinaus für

Mein Name/Anschrift

_____

_____

Ich bevollmächtige _____
damit, alle Daten und Accounts zu löschen oder
in seinen/ihren Besitz zu übernehmen.
Es sollen alle Endgeräte übernommen oder
entsorgt werden. Diese Vollmacht ist über den
Tod hinaus gültig. Das Passwort/Einlogbuch
befindet sich an folgender Stelle _____

bitte wählen und streichen

! Der obige Text muss nun handschriftlich geschrieben werden!

_____

_____

_____

_____

_____

_____

_____

_____

_____

_____

_____

! **Ort/Datum/Unterschrift**

_____

Digitaler Nachlass nach dem Tod und darüber hinaus für

Mein Name/Anschrift

_____

_____

Ich bevollmächtige _____
damit, alle Daten und Accounts zu löschen oder
in seinen/ihren Besitz zu übernehmen.
Es sollen alle Endgeräte übernommen oder
entsorgt werden. Diese Vollmacht ist über den
Tod hinaus gültig. Das Passwort/Einlogbuch
befindet sich an folgender Stelle _____

bitte wählen und streichen

! Der obige Text muss nun handschriftlich geschrieben werden!

_____

_____

_____

_____

_____

_____

_____

_____

_____

_____

_____

! **Ort/Datum/Unterschrift**

_____

Digitaler Nachlass nach dem Tod und darüber hinaus für

Mein Name/Anschrift

_____

_____

Ich bevollmächtige _____
damit, alle Daten und Accounts zu löschen oder
in seinen/ihren Besitz zu übernehmen.
Es sollen alle Endgeräte übernommen oder
entsorgt werden. Diese Vollmacht ist über den
Tod hinaus gültig. Das Passwort/Einlogbuch
befindet sich an folgender Stelle _____

bitte wählen und streichen

! Der obige Text muss nun handschriftlich geschrieben werden!

_____

_____

_____

_____

_____

_____

_____

_____

_____

_____

_____

_____

! Ort/Datum/Unterschrift

_____

Digitaler Nachlass nach dem Tod und darüber hinaus für

Mein Name/Anschrift

_____

_____

Ich bevollmächtige _____
damit, alle Daten und Accounts zu löschen oder
in seinen/ihren Besitz zu übernehmen.
Es sollen alle Endgeräte übernommen oder
entsorgt werden. Diese Vollmacht ist über den
Tod hinaus gültig. Das Passwort/Einlogbuch
befindet sich an folgender Stelle _____

bitte wählen und streichen

! Der obige Text muss nun handschriftlich geschrieben werden!

_____

_____

_____

_____

_____

_____

_____

_____

_____

_____

_____

! Ort/Datum/Unterschrift

_____

Digitaler Nachlass nach dem Tod und darüber hinaus für

Mein Name/Anschrift

_____

_____

Ich bevollmächtige _____
damit, alle Daten und Accounts zu löschen oder
in seinen/ihren Besitz zu übernehmen.
Es sollen alle Endgeräte übernommen oder
entsorgt werden. Diese Vollmacht ist über den
Tod hinaus gültig. Das Passwort/Einlogbuch
befindet sich an folgender Stelle _____

bitte wählen und streichen

! Der obige Text muss nun handschriftlich geschrieben werden!

_____

_____

_____

_____

_____

_____

_____

_____

_____

_____

_____

! Ort/Datum/Unterschrift

_____